NOTICE

SUR

SON ALTESSE ROYALE

MME LA PRINCESSE ADÉLAÏDE.

PAR Mme L. FUSIL.

PARIS.

IMPRIMERIE DE MADAME DE LACOMBE,

12, RUE D'ENGHIEN.

1848.

NOTICE

SUR

SON ALTESSE ROYALE

Mlle LA PRINCESSE ADÉLAÏDE.

PAR Mme L. FUSIL.

PARIS.
IMPRIMERIE DE MADAME DE LACOMBE,
12, RUE D'ENGHIEN.

1848.

NOTICE

SUR SON ALTESSE ROYALE

MME LA PRINCESSE ADÉLAÏDE.

La reconnaissance est la mémoire du cœur. Que l'on permette à une faible femme de mêler une larme aux larmes que fera couler la perte de l'auguste sœur de notre Roi ; qu'on lui permette de se faire l'interprète de tant de malheureux dont cette bonne et généreuse princesse était l'appui.

Je cède à un besoin du cœur en écrivant cette courte notice, que je ferais bien longue si je racontais tous les témoignages de bonté, de bienveillance que j'ai reçus de Mme Adélaïde, et tout le bien qu'elle a fait.

Je ne puis parler de S. A. R. que d'après les circonstances qui me sont relatives, puisque c'est dans les pays étrangers que je lui fus recommandée par la duchesse d'Yorck, dont Mlle d'Orléans était l'amie; et c'est depuis ce moment que cette excellente princesse n'a cessé d'avoir pour moi une bienveillance dont je recevais de nouvelles preuves huit jours avant qu'une mort, si inattendue et si prompte, ne fût venue frapper le cœur du Roi et de sa famille, qui l'adorait à si juste titre.

Je dois remonter à un temps déjà bien éloigné, il est au nombre des souvenirs qui sont restés gravés dans mon cœur.

J'étais revenue en France, après avoir traversé la Suède, l'Allemagne, pour arriver à Dresde, où se trouvait encore l'Empereur. En 1813 j'avais tout perdu par le pillage et l'incendie : je ne possédais plus rien que l'enfant que j'avais eu le bonheur de sauver aux portes de Wilna. Napoléon fut aussi généreux pour moi que les circonstances le permettaient. Il me fit de plus donner l'assurance, par le baron Fain, qu'il n'oublierait jamais ceux qui avaient souffert de cette catastrophe. . . . .

J'arrivai à Paris presque en même temps que les alliés, ce n'était pas le moment d'y trouver beaucoup de ressources. Aussi Mme de Staël, que j'avais vue souvent en Suède, me conseilla-t-elle d'aller en Angleterre y tenter une meilleure fortune. Elle me donna des lettres de recommandation, comme elle savait les écrire, pour lady Tawistock, lady Melbourne, la comtesse Castlereagh, et autres grandes dames.

Ainsi que la colombe de l'arche, j'étais la première qui eût échappé à ce grand naufrage de la guerre de Russie. J'en avais été témoin et victime, j'avais traversé la *Bérésina*. J'apportais avec moi le manuscrit des lettres que j'avais écrites à la lueur de l'incendie de Moscou, et pendant les moments de répit de cet affreux voyage, sans savoir si elles parviendraient jamais à ma famille. J'en avais communiqué plusieurs à des amis, une surtout qui contenait des détails intéressants. Aussi venait-on chaque jour me les demander. Un célèbre journaliste me proposa de m'acheter mon manuscrit. Il m'offrait un prix assez élevé ; mais il voulait en disposer à son gré, y changer ce qui lui conviendrait. Je compris, d'après la manière dont les Anglais parlaient et écrivaient sur Napoléon, que le journaliste pourrait se servir de mon récit comme d'un témoignage de ce qu'il y ajouterait. Alors je refusai très positivement.

J'avais été présentée par lady Tawistock à S. A. R. Mme la duchesse d'Yorck, à mon arrivée en Angleterre. Elle était bonne et d'un facile abord, comme toutes les princesses allemandes. S. A. R. avait près d'elle une dame Française, Mme Sylvestre, qui ne l'avait jamais quittée, et toutes les fois que j'allais voir cette dame, S. A. R. lui faisait dire de m'amener. Elle aimait notre littérature. Je faisais souvent des lectures à la princesse. En parcourant les ouvrages de Mme de Genlis, elle voulut relire *les Petits Emigrés*, et cet ouvrage l'amena à me raconter des choses charmantes sur Mlle d'Orléans.

« — Vous avez dû souvent en entendre parler en France, avant vos voyages ? — Oui, Mme la duchesse, et lorsque le livre des *Petits Émigrés* parut pour la première fois, il nous inspira un vif intérêt. »

Pour les jeunes femmes nées presque avec la révolution, ces dénominations d'altesse royale, de princesse du sang, étaient à peu près inconnues, et nous les lisions comme appartenant à l'histoire. Mlle d'Orléans était pour nous une charmante demoiselle de haut rang, injustement proscrite, exilée loin de sa famille qu'elle chérissait. Sa gouvernante, Mme de Genlis, sans personnifier ce nom d'*Adélaïde*, nous en racontait des traits touchants qui n'appartenaient qu'à elle seule, et nous la montrait dans cette simplicité de mœurs dont le charme frappe si juste au cœur, quand le malheur surtout l'accompagne ; faisant valoir des talents, fruit d'une éducation que l'époque lui avait permis, non-seulement de développer, mais encore d'utiliser. Quoi de plus admirable qu'une noble infortune supportée avec ce courage et cette résignation qu'accompagne une douce piété !

Ce fut en 1816 que je me décidai à faire imprimer ces lettres écrites pendant mon voyage, et que depuis longtemps on m'engageait à publier.

Ce fut aussi à cette époque que Mgr le duc d'Orléans, qui allait aux eaux de Chaltham, passa quelques mois à Londres avec les princesses de sa famille.

Ces lettres parurent sous le titre de : *Incendie de Moscou, Passage de la Bérésina, la Petite Orpheline de Wilna ;* j'en aurais pu faire un gros livre, je n'en fis qu'une brochure. J'obtins le plus brillant patronage des dames, et j'eus pour souscripteurs les premiers seigneurs de l'Angleterre, grâce à la recommandation des princesses Adélaïde et Amélie (cette reine si bonne et si bienfaisante), auxquelles Madame la duchesse d'Yorck m'avait recommandée. J'avais aussi près de LL. AA. un puissant appui, le général Athalin, témoin oculaire de tous mes revers pendant ce voyage jusqu'à la Bérésina; car je voyageais avec la maison de l'Empereur, dont M. Athalin était officier d'ordonnance; aussi fut-il mon bon génie à cette époque, comme il l'a toujours été dans toutes les circonstances.

« — Ce sont des anges, me disait la bonne duchesse d'Yorck, en me parlant de LL. AA. Il faut entendre Mme Adélaïde raconter vos malheurs, votre courage, parler de cet enfant sauvé par un miracle de la Providence; ce récit, passant par sa bouche, en double l'intérêt. »

Lorsque je revins à Paris, ma jeune orpheline avait atteint l'âge où les enfants deviennent si charmants, quand leur intelligence précoce commence à se développer. J'avais tout quitté pour ne m'occuper que d'elle, et lui créer une existence que je ne pouvais plus lui donner qu'en lui transmettant quelques talents, seuls biens que le sort n'avait pu m'ôter. Elle disait déjà des fables avec cette grâce et cette naïveté, charmes de l'enfance, qu'il faut se garder de détruire par des leçons mal dirigées. C'est la fleur du matin sur le fruit. Je lui avais aussi appris la scène de Joas, dans *Athalie*, scène si bien appropriée à la situation :

Dieu laissa-t-il jamais ses enfants au besoin ?

Les princesses voulurent voir et entendre cette pauvre petite créature, à laquelle elles s'étaient tant intéressées. Elle était jolie, gracieuse; elle plaisait à la première vue. Secondée par une de mes petites élèves, ces enfants occupèrent toute une soirée au Palais-Royal. Elles dirent plusieurs scènes, jouèrent la pièce des *Petits Savoyards*, etc. Ce fut de ce moment que les princesses me témoignèrent le plus d'intérêt, surtout lorsque j'éprouvai le plus grand de tous les malheurs, la perte de cette enfant que j'aimais d'un amour de mère.

Les années se succédèrent; je vécus de ma plume jusqu'au moment où mes forces s'épuisèrent par un mal douloureux. S. M. la reine Amélie et la princesse Adélaïde l'ayant appris, s'empressèrent de venir au secours de l'artiste qu'elles avaient toujours protégée ; c'est dans ce moment même que la mort, si inattendue de cette bonne princesse, est venue me frapper bien cruellement au cœur. C'était un ange (comme le disait S.A. R. Madame la duchesse d'Yorck....); Ses œuvres la suivront au pied de l'Éternel, et les infortunés ne l'oublieront jamais.

FIN

www.ingramcontent.com/pod-product-compliance
Lightning Source LLC
LaVergne TN
LVHW010340230826
846091LV00009B/3965

* 9 7 8 2 0 1 9 2 5 9 2 2 8 *